CARL SCHMITT

Gespräch über die Macht und den Zugang zum Machthaber

KLETT-COTTA

Pl. 8/7 5[...]

Lieber Herr Neske,

1) der Titel dürfte jetzt klar sein;

Der Zugang zur Ma[...]

oder: Raum und Vorraum

menschlicher Macht.

was gefällt Ihnen besser? Ich neig[...]
Maß & Macht ist ganz altmodi[...]
Guardinisch-Rilkisch, weil ein[...]
verzeihen Sie den dummen Vorschl[...]

2) Bezeichnung der Gesprächs-Part[...]

Frager (ein Jünger):
Antwortende (ein Alter):

dann weiter: (abgekürzt) F.
A.

3) jetzt habe ich auch ein herrliches [...]

Seid ihr glücklich?
Wir sind mächtig!
Byron

Das muss richtig plaziert werden,
überlegen Sie doch bitte einmal

Herzlich Ihr

C. S.

x) oder soll man kombinieren:

Der Zugang zur Macht.
Ein Gespräch über (den) Raum und Vorraum
menschlicher Macht
(das wäre 2x Macht im Titel; nicht doch wirksam); oder:
Raum und Vorraum
menschlicher Macht

scheint mir am besten

Ei[...]
der[...]

Seid ihr glücklich?
Wir sind mächtig!

LORD BYRON

Partner des Gesprächs:
J. (ein junger Jahrgang; fragend)
C.S. (antwortend)
Das Intermezzo (Seite 28) kann von einem Dritten gesprochen werden.

J. Bevor Sie hier über die Macht sprechen, muß ich Sie etwas fragen.

C.S. Bitte, Herr J.

J. Haben Sie selber Macht oder haben Sie keine?

C.S. Diese Frage ist sehr berechtigt. Wer über die Macht spricht, sollte erst einmal sagen, in welcher Machtlage er selber sich befindet.

J. Also! Haben Sie Macht oder haben Sie keine?

C.S. Ich habe keine Macht. Ich gehöre zu den Machtlosen.

J. Das ist verdächtig.

C.S. Warum?

J. Weil Sie dann vermutlich *gegen* die Macht voreingenommen sind. Ärger, Verbitterung, Ressentiment sind üble Fehlerquellen.

C.S. Und wenn ich nun zu den Machthabern gehörte?

J. Dann wären Sie vermutlich *für* die Macht eingenommen. Das Interesse an der eigenen Macht und ihrer Behauptung ist natürlich auch eine Fehlerquelle.

C.S. Wer hat dann überhaupt das Recht, über die Macht zu sprechen?

J. Das müßten *Sie* mir sagen!

C.S. Ich würde sagen: vielleicht gibt es noch eine andere Position: die der uneigennützigen Betrachtung und Beschreibung.

J. Das wäre dann wohl die Rolle des dritten Mannes oder der freischwebenden Intelligenz?

C.S. Intelligenz hin, Intelligenz her. Fangen wir lieber nicht gleich mit solchen Subsumtionen an. Versuchen wir, eine geschichtliche Erscheinung, die wir alle erleben und erleiden, erst einmal richtig zu sehen. Das Ergebnis wird sich zeigen.

I

J. Wir sprechen also von der Macht, die Menschen über andere Menschen ausüben. Woher stammt eigentlich die ungeheuerliche Macht, die, sagen wir Stalin oder Roosevelt oder wen immer man hier nennen mag, über Millionen anderer Menschen ausgeübt haben?

C.S. In früheren Zeiten hätte man darauf geantwortet: die Macht stammt entweder von der Natur, oder sie kommt von Gott.

J. Ich fürchte, heute scheint uns die Macht nicht mehr natürlich.

C.S. Das fürchte ich auch. Gegenüber der *Natur* fühlen wir uns heute sehr überlegen. Wir fürchten sie nicht mehr. Soweit sie uns als Krankheit oder Naturkatastrophe unangenehm wird, hoffen wir sie bald zu besiegen. Der Mensch – von Natur ein schwaches Lebewesen – hat sich mit Hilfe der Technik über seine Umwelt mächtig erhoben. Er hat sich zum Herrn der Natur und aller irdischen Lebewesen gemacht. Die Schranke, die ihm die Natur in früheren Zeiten fühlbar auferlegte, durch Kälte und Hitze, Hunger und Mangel, durch wilde Tiere und Gefahren aller Art, diese Naturschranke weicht offensichtlich zurück.

J. Das ist wahr. Wir brauchen keine wilden Tiere mehr zu fürchten.

C.S. Die Taten des Herkules kommen uns heute ziemlich bescheiden vor; und wenn heute ein Löwe oder ein Wolf in eine moderne Großstadt hineingerät, so ist das höchstens ein Verkehrshindernis und kaum noch ein Kinderschreck. Gegenüber der Natur fühlt sich der Mensch heute derartig überlegen, daß er es sich leistet, Naturschutzparks einzurichten.

J. Wie ist es denn mit Gott?

C.S. Was *Gott* anbetrifft, so hat der moderne Mensch – ich meine den typischen Großstädter – ebenfalls das Gefühl, daß Gott zurückweicht oder sich von uns zurückgezogen hat. Wenn heute der Name Gottes fällt, dann zitiert der Normal-Gebildete von heuzutage automatisch den Ausspruch Nietzsches: Gott ist tot. Andere, noch besser informiert, zitieren einen Ausspruch des französischen Sozialisten Proudhon, der dem Ausspruch Nietzsches um vierzig Jahre vorauseilt und behauptet: Wer Gott sagt, will betrügen.

J. Wenn die Macht weder von der Natur noch von Gott stammt, woher kommt sie dann?

C.S. Dann bleibt wohl nur eins übrig: die Macht, die ein Mensch über andere Menschen ausübt, stammt von den Menschen selbst.

J. Dann ist es ja gut. Menschen sind wir doch alle. Auch Stalin war ein Mensch; auch Roosevelt oder wen immer man hier nennen mag.

C.S. Das klingt wirklich beruhigend. Stammt die Macht, die ein Mensch über andere ausübt, von der Natur, dann ist sie entweder die Macht des Erzeugers über seine Brut oder aber die Überlegenheit der Zähne, Hörner, Pranken, Klauen, Giftdrüsen und anderer natürlicher Waffen.

Von der Macht des Erzeugers über seine Brut dürfen wir hier wohl absehen, seitdem der Mensch nicht mehr in der Familie, sondern in der Klinik geboren wird.

J. Bleibt also die Macht des Wolfes über das Lamm.

C.S. Ein Mensch, der Macht hat, wäre ein Wolf gegenüber dem Menschen, der keine Macht hat. Wer keine Macht hat, fühlt sich als Lamm, bis er seinerseits in die Lage kommt, Macht zu haben und die Rolle des Wolfes zu übernehmen. Das besagt die lateinische Redensart: *Homo homini lupus.* Zu deutsch: Der Mensch ist dem Menschen ein Wolf.

J. Scheußlich! Und wenn die Macht von Gott stammt?

C.S. Dann ist derjenige, der sie ausübt, Träger einer göttlichen Eigenschaft; er nimmt mit seiner Macht etwas Göttliches wahr, und man müßte, wenn nicht ihn selbst, so doch die in ihm erscheinende Macht Gottes verehren. Das besagt die lateinische Redensart: *Homo homini Deus.* Zu deutsch: Der Mensch ist dem Menschen ein Gott.

J. Das geht zu weit!

C.S. Stammt aber die Macht weder von der Natur noch von Gott, dann spielt sich alles, was die Macht und ihre Ausübung anbetrifft, nur zwischen Menschen ab. Dann sind wir Menschen ganz unter uns. Die Machthaber sind gegenüber den Machtlosen, die Mächtigen gegenüber den Ohnmächtigen ganz einfach Menschen gegenüber Menschen.

J. Das ist es: Ganz einfach Menschen! Der Mensch ist dem Menschen ein Mensch.

C.S. Das besagt die lateinische Redensart: *Homo homini homo.*

J. Soll das Ihr letztes Wort sein?

J. Klar. Der Mensch ist dem Menschen ein Mensch. Nur dadurch, daß sich Menschen finden, die einem andern Menschen gehorchen, verschaffen sie diesem die Macht. Gehorchen sie ihm nicht mehr, dann hört die Macht von selber auf.

C.S. Sehr richtig. Aber warum gehorchen sie? Der Gehorsam ist doch nicht willkürlich; sondern irgendwie motiviert. Warum geben denn die Menschen ihre Zustimmung zur Macht? In manchen Fällen aus Vertrauen, in anderen aus Furcht, manchmal aus Hoffnung, manchmal aus Verzweiflung. Immer aber brauchen sie Schutz und suchen sie diesen Schutz bei der Macht. Vom Menschen her gesehen bleibt die Verbindung von Schutz und Gehorsam die einzige Erklärung der Macht. Wer nicht die Macht hat, einen zu schützen, hat auch nicht das Recht, Gehorsam von ihm zu verlangen. Und umgekehrt: Wer Schutz sucht und ihn annimmt, hat nicht das Recht, den Gehorsam zu verweigern.

J. Wenn aber der Machthaber etwas Rechtswidriges befiehlt? Dann muß man doch wohl den Gehorsam verweigern?

C.S. Selbstverständlich! Ich spreche aber nicht von rechtswidrigen Einzelbefehlen, sondern von einer Gesamtlage, in der Machthaber und Machtunterworfene zu einer politischen Einheit zusammengefaßt sind. Hier ist es so, daß derjenige, der die Macht hat, ununterbrochen wirksame und keineswegs immer unmoralische Motive für den Gehorsam schaffen kann: durch Gewährung von Schutz und gesicherter Existenz, durch Erziehung und solidarische Interessen gegenüber anderen. Kurz: der Konsens bewirkt die Macht, das ist richtig, aber die Macht bewirkt auch den Konsens und keineswegs in allen Fällen einen unvernünftigen oder unmoralischen Konsens.

J. Was wollen Sie damit sagen?

C.S. Ich will damit sagen, daß die Macht auch dort, wo sie mit voller Zustimmung aller Machtunterworfenen ausgeübt wird, doch noch eine gewisse eigene Bedeutung hat, einen Mehrwert sozusagen. Sie ist mehr als die Summe aller Zustimmungen, die sie erhält, und auch mehr als ihr Produkt. Bedenken Sie nur einmal, wie sehr der Mensch in der heutigen arbeitsteiligen Gesellschaft in den sozialen Zusammenhang eingespannt ist! Wir sahen vorhin, daß die Naturschranke zurückweicht, aber dafür rückt die soziale Schranke um so stärker und näher auf ihn ein. Dadurch wird auch die Motivation der Zustimmung zur Macht immer stärker. Ein moderner Machthaber hat unendlich mehr Mittel, den Konsens zu seiner Macht zu bewirken, als Karl der Große oder Barbarossa.

J. Wollen Sie damit sagen, daß ein Machthaber heutzutage machen kann, was er will?

C.S. Im Gegenteil. Ich will damit nur sagen, daß die Macht eine eigene selbständige Größe ist, auch gegenüber dem Konsens, der sie geschaffen hat, und ich möchte Ihnen jetzt zeigen, daß sie das auch gegenüber dem Machthaber selber ist. Die Macht ist eine objektive, eigengesetzliche Größe gegenüber jedem menschlichen Individuum, das jeweils die Macht in seiner Hand hat.

J. Was heißt denn nun hier objektive, eigengesetzliche Größe?

C.S. Das heißt etwas sehr Konkretes. Machen Sie sich klar, daß auch der furchtbarste Machthaber an die Grenzen der menschlichen Physis gebunden bleibt, an die Unzulänglichkeit des menschlichen Verstandes und die Schwäche der menschlichen Seele. Auch der mächtigste Mensch muß essen und trinken wie wir alle. Er wird krank und alt.

J. Die moderne Wissenschaft liefert aber erstaunliche Mittel, um die Schranken der menschlichen Natur zu überwinden.

C.S. Allerdings. Der Machthaber kann sich die berühmtesten Ärzte und Nobelpreisträger kommen lassen. Er kann sich mehr Spritzen verabreichen lassen als jeder andere. Trotzdem: nach einigen Stunden der Arbeit oder des Lasters wird er müde und schläft ein. Der entsetzliche Caracalla, der gewaltige Dschinghis Khan liegt dann da wie ein kleines Kind und schnarcht womöglich noch.

J. Das ist ein Anblick, den sich jeder Machthaber immer vor Augen halten sollte.

C.S. Jawohl, und das haben sich Philosophen und Moralisten, Pädagogen und Rhetoriker denn auch immer gerne ausgemalt. Wir wollen aber nicht dabei verweilen. Ich möchte nur noch erwähnen, daß der immer noch modernste aller Philosophen rein menschlicher Macht, der Engländer Thomas Hobbes, für seine Staatskonstruktion von dieser allgemeinen Schwäche jedes menschlichen Individuums ausgeht. Hobbes konstruiert so: Aus der Schwäche ergibt sich die Gefährdung, aus der Gefährdung die Furcht, aus der Furcht das Bedürfnis nach Sicherung und daraus wieder die Notwendigkeit einer Schutzapparatur mit mehr oder weniger komplizierter Organisation. Aber trotz aller Schutzmaßnahmen, sagt Hobbes, kann im richtigen Augenblick jeder jeden töten. Ein schwacher Mann kann in die Lage kommen, den stärksten und mächtigsten Mann zu erledigen. In diesem Punkte sind die Menschen wirklich gleich, insofern sie nämlich alle bedroht und gefährdet sind.

J. Ein schwacher Trost.

C. S. Ich wollte eigentlich weder trösten noch bange machen, sondern nur ein objektives Bild menschlicher Macht geben. Die physische Gefährdung ist dabei nur das Gröbste und nicht einmal das Alltägliche.

Eine andere Auswirkung der engen Grenzen jedes menschlichen Individuums ist noch besser geeignet, das zu zeigen, worauf es hier ankommt, nämlich die objektive Eigengesetzlichkeit jeder Macht gegenüber dem Machthaber selbst und die unentrinnbare innere Dialektik von Macht und Ohnmacht, in die jeder menschliche Machthaber hineingerät.

J. Mit Dialektik kann ich hier nichts anfangen.

C.S. Wir wollen sehen. Das menschliche Individuum, in dessen Hand für einen Augenblick die großen politischen Entscheidungen liegen, kann seinen Willen nur unter gegebenen Voraussetzungen und mit gegebenen Mitteln bilden. Auch der absoluteste Fürst ist auf Berichte und Informationen angewiesen und von seinen Beratern abhängig. Eine Unmenge von Tatsachen und Meldungen, Vorschlägen und Vermutungen dringt Tag für Tag und Stunde für Stunde auf ihn ein. Aus diesem flutenden, unendlichen Meer von Wahrheit und Lüge, Wirklichkeiten und Möglichkeiten kann auch der klügste und mächtigste Mensch höchstens einige Tropfen herausschöpfen.

J. Da sieht man wirklich Glanz und Elend der absoluten Fürsten.

C. S. Man sieht vor allem die innere Dialektik aller menschlichen Macht. Wer dem Machthaber einen Vortrag hält oder ihn informiert, hat bereits Anteil an der Macht, gleichgültig, ob er ein verantwortlich gegenzeichnender Minister ist oder ob er sich auf indirekte Weise das Ohr des Machthabers zu verschaffen weiß. Es genügt, daß er dem menschlichen Individuum, in dessen Hand für einen Augenblick die Entscheidung liegt, Eindrücke und Motive vermittelt. So wird jede direkte Macht sofort indirekten Einflüssen unterworfen. Es hat Machthaber gegeben, die diese Abhängigkeit empfanden und darüber in Zorn und Wut gerieten. Sie haben dann versucht, sich statt bei ihrem zuständigen Ratgeber anderweitig zu informieren.

J. Angesichts der Korruption an den Höfen sicher mit Recht.

C. S. Gewiß. Aber leider gerieten sie dadurch nur in neue und oft groteske Abhängigkeiten hinein. Der Kalif Harun al Raschid ging schließlich, als Mann aus dem Volke verkleidet, des Nachts in die Kneipen von Bagdad, um endlich die reine Wahrheit zu erfahren. Ich weiß nicht, was er an dieser fragwürdigen Quelle gefunden und getrunken hat. Friedrich der Große wurde im Alter so mißtrauisch, daß er nur noch mit seinem Kammerdiener Fredersdorff offen sprach. Der Kammerdiener wurde dadurch zu einem einflußreichen Mann, wenn er im übrigen auch noch so treu und brav blieb.

J. Andere Machthaber landen bei ihrem Chauffeur oder bei ihrer Geliebten.

C. S. Mit andern Worten: Vor jedem Raum direkter Macht bildet sich ein Vorraum indirekter Einflüsse und Gewalten, ein Zugang zum Ohr, ein Korridor zur Seele des Machthabers. Es gibt keine menschliche Macht ohne diesen Vorraum und ohne diesen Korridor.

J. Man kann aber mit vernünftigen Einrichtungen und Verfassungsbestimmungen manchen Mißbrauch verhindern.

C.S. Das kann man, und das soll man auch tun. Aber keine noch so weise Institution, keine noch so ausgeklügelte Organisation kann den Vorraum selbst ganz ausrotten; kein Wutanfall gegen die Camarilla oder die Antichambre kann ihn restlos beseitigen. Den Vorraum selber kann man nicht umgehen.

J. Das scheint mir eher eine Hintertreppe zu sein.

C.S. Antichambre, Hintertreppe, Umraum oder Lobby: die Sache selbst ist klar und bleibt für die Dialektik der menschlichen Macht dasselbe. Jedenfalls hat sich in diesem Vorraum der Macht im Laufe der

Weltgeschichte eine bunte und gemischte Gesellschaft zusammengefunden. Hier versammeln sich die Indirekten. Hier treffen wir Minister und Botschafter in großer Uniform, aber auch Beichtväter und Leibärzte, Adjutanten und Sekretärinnen, Kammerdiener und Mätressen. Hier steht der alte Fredersdorff, der Kammerdiener Friedrichs des Großen, neben der edlen Kaiserin Augusta, Rasputin neben dem Kardinal Richelieu, eine Graue Eminenz neben einer Messalina. Manchmal sind kluge und weise Männer in diesem Vorraum, manchmal fabelhafte Manager oder brave Hausmeier, manchmal dumme Streber und Schwindler. Manchmal ist der Vorraum wirklich das offizielle Staatszimmer, in dem sich würdige Herren zum Vortrag versammeln, bis sie vorgelassen werden. Oft ist es aber auch nur ein privates Kabinett.

J. Oder sogar ein Krankenzimmer, in dem einige Freunde am Bett eines gelähmten Mannes sitzen und die Welt regieren.

C.S. Je mehr die Macht sich an einer bestimmten Stelle, bei einem bestimmten Menschen oder einer Gruppe von Menschen wie in einer Spitze konzentriert, um so mehr verschärft sich das Problem des Korridors und die Frage des Zugangs zur Spitze. Um so heftiger, verbissener und stummer wird dann auch der Kampf unter denjenigen, die den Vorraum besetzt halten und den Korridor kontrollieren. Dieser Kampf im Nebel indirekter Einflüsse ist ebenso unvermeidlich, wie er für alle menschliche Macht wesentlich ist. In ihm vollzieht sich die innere Dialektik der menschlichen Macht.

J. Aber sind das nicht bloße Auswüchse eines persönlichen Regimes?

C.S. Nein. Der Vorgang der Korridorbildung, von dem wir hier sprechen, spielt sich in minimalen, infinitesimalen Ansätzen tagtäglich ab, im Großen und im Kleinen, überall, wo Menschen über andere Menschen Macht ausüben. In demselben Maße, in dem sich ein Macht-Raum zusammenzieht, organisiert sich sofort auch ein Vorraum zu dieser Macht. Jede Steigerung der direkten Macht verdickt und verdichtet auch den Dunstkreis indirekter Einflüsse.

J. Das kann ja sogar gut sein, wenn der Machthaber nicht in Ordnung ist. Ich sehe noch nicht, was hier besser ist, die direkte Macht oder das Indirekte.

C.S. Ich sehe hier das Indirekte nur als ein Stadium in der unvermeidlichen dialektischen Entwicklung menschlicher Macht. Der Machthaber selbst wird um so mehr isoliert, je mehr sich die direkte Macht in seiner individuellen Person konzentriert. Der Korridor schneidet ihn vom Boden ab und hebt ihn wie in eine Stratosphäre hinein, in der er nur noch diejenigen erreicht, die ihn indirekt beherrschen, während er alle übrigen Menschen, über die er Macht ausübt, nicht mehr erreicht, und auch sie ihn nicht mehr erreichen. In extremen Fällen wird das oft in grotesker Weise handgreiflich. Das ist dann aber nur die äußerste Folgerichtigkeit einer Isolierung des Machthabers durch den unvermeidlichen Machtbesitz. Dieselbe innere Logik vollzieht sich in zahllosen Ansätzen des täglichen Lebens in ständigem Umschlag von direkter Macht und indirektem Einfluß. Keine menschliche Macht entgeht dieser Dialektik von Selbstbehauptung und Selbstverfremdung.

INTERMEZZO: BISMARCK UND DER MARQUIS POSA

Der Kampf um den Korridor, um den Zugang zur Machtspitze, ist ein besonders intensiver Machtkampf, durch den sich die innere Dialektik von menschlicher Macht und Ohnmacht vollzieht. Diesen Sachverhalt müssen wir ohne Rhetorik und Sentimentalität, aber auch ohne Zynismus oder Nihilismus zunächst einmal in seiner Wirklichkeit vor Augen sehen. Deshalb möchte ich das Problem noch durch zwei Beispiele veranschaulichen.

Das erste Beispiel ist ein verfassungsgeschichtliches Dokument: das Entlassungsgesuch Bismarcks vom März 1890. Es ist im dritten Band von Bismarcks »Gedanken und Erinnerungen« mitgeteilt und ausführlich behandelt. Es ist in allem, in seiner Anlage, seiner Gedankenführung und seinem Tonfall, in dem, was es ausspricht, wie in dem, was es verschweigt, das wohldurchdachte Werk eines großen Meisters der Staatskunst. Es war Bismarcks letzte Amtshandlung und wurde mit voller Überlegung als ein Dokument für die Nachwelt entworfen und stilisiert. Der alte, erfahrene Reichskanzler, der Schöpfer des Reiches, setzt sich mit dem unerfahrenen Erben, dem jungen König und Kaiser Wilhelm II., auseinander. Zwischen beiden bestanden viele sachliche Gegensätze und Meinungsverschiedenheiten in Fragen der Innen- wie der Außenpolitik. Aber der Kern des Entlassungsgesuchs, der springende Punkt, ist etwas rein Formales: der Streit um die Frage, wie der Kanzler sich informieren darf und wie der König und Kaiser sich informieren soll. Bismarck beansprucht hier volle Freiheit darin, mit wem er sich unterhält und wen er als Gast bei sich im Hause empfängt. Dem König und Kaiser aber spricht er das Recht ab, den Vortrag eines Ministers anzuhören, wenn Bismarck, der Ministerpräsident, nicht dabei anwesend ist. So wird das Problem des unmittelbaren Vortrags beim König zum Kernpunkt des Bismarckschen Entlassungsgesuchs. Mit ihm beginnt die Tragödie des Zweiten Reiches. Das Problem des Vortrags beim König ist das Kernproblem jeder Monarchie überhaupt, weil es das Problem des Zugangs zur Spitze ist. Auch der Freiherr vom Stein hat sich im Kampf gegen die geheimen Kabinettsräte erschöpft. An dem alten und ewigen Problem des Zugangs zur Spitze mußte selbst ein Bismarck scheitern.

Das zweite Beispiel entnehmen wir Schillers dramatischem Gedicht Don Carlos. Hier bewährt ein Dramaturg seinen Blick für das Wesen der Macht. Die Handlung des Dramas bewegt sich um die Frage: Wer hat unmittelbaren Zugang zum König, zu dem absoluten Monarchen Philipp II.? Wer den unmittelbaren Zugang zum König hat, nimmt teil an seiner Macht. Bisher hielten der Beichtvater Domingo und der General Herzog von Alba den Vorraum der Macht besetzt und den Zugang zum König blockiert. Jetzt erscheint ein dritter, der Marquis Posa, und die beiden andern erkennen sofort die Gefahr. Am Schluß des dritten Aufzugs erreicht das Drama den Höhepunkt seiner Spannung, in dem letzten Satz dieses Aktes, als der König befiehlt: Der Ritter – das ist der Marquis Posa – wird künftig unangemeldet vorgelassen! Das wirkt als großer dramatischer Effekt, nicht nur auf den Zuschauer, sondern auch auf alle handelnden Personen des Dramas selbst. »Das ist wirklich viel«, sagt Don Carlos, als er es erfährt, »viel, wahrlich viel«; und der Beichtvater Domingo sagt bebend zu dem Herzog von Alba: »Unsere Zeiten sind vorbei.« Nach diesem Höhepunkt setzt die plötzliche Wendung ins Tragische ein, die Peripetie des großartigen Dramas. Dafür, daß es ihm gelungen war, den unmittelbaren Zugang zum Machthaber zu finden, trifft den unglücklichen Marquis Posa der tödliche Schuß. Was er seinerseits – hätte er seine Stellung beim König behaupten können – mit dem Beichtvater und dem General angefangen hätte, wissen wir nicht.

4

C. S. So eindrucksvoll diese Beispiele auch sein mögen, vergessen Sie nicht, lieber Herr J., in welchem Zusammenhang uns dieses alles beschäftigt; nämlich als ein Moment in der inneren Dialektik menschlicher Macht. Es gibt noch manche anderen Fragen, die wir hier in gleicher Weise erörtern könnten, z. B. das abgründige Problem der *Nachfolge* in die Macht, sei diese nun dynastisch oder demokratisch oder charismatisch. Aber es dürfte jetzt klar genug sein, was mit dieser Dialektik gemeint ist.

J. Ich sehe immer nur Glanz und Elend des Menschen; Sie sprechen immer von innerer Dialektik. Deshalb möchte ich jetzt einmal eine ganz einfache Frage stellen: Wenn die Macht, die von Menschen ausgeübt wird, nicht von Gott und nicht von der Natur stammt, sondern eine interne menschliche Angelegenheit ist, ist sie dann gut oder böse, oder was ist sie?

C. S. Diese Frage ist gefährlicher, als Sie vielleicht ahnen. Denn die meisten Menschen werden mit größter Selbstverständlichkeit antworten: Die Macht ist gut, wenn *ich* sie habe, und sie ist böse, wenn mein Feind sie hat.

J. Sagen wir lieber so: Die Macht ist an sich weder gut noch böse; sie ist an sich neutral; sie ist das, was der Mensch aus ihr macht: in den Händen eines guten Menschen ist sie gut, in den Händen eines bösen ist sie böse.

C.S. Und wer entscheidet darüber im konkreten Fall, ob ein Mensch gut oder böse ist? Der Machthaber selbst oder ein Anderer? Daß einer die Macht hat, bedeutet doch vor allem, daß er selber darüber entscheidet. Das gehört doch zu seiner Macht. Entscheidet ein Anderer darüber, so hat dieser Andere eben die Macht oder nimmt sie jedenfalls in Anspruch.

J. Dann scheint die Macht an sich doch wohl neutral zu sein.

C.S. Wer an einen allmächtigen und gütigen

Gott glaubt, kann die Macht nicht für böse und auch nicht für neutral erklären. Der Apostel des Christentums, der heilige Paulus, sagt bekanntlich: Alle Macht ist von Gott. Der heilige Papst Gregor der Große, das Urbild eines päpstlichen Völkerhirten, spricht sich darüber mit größter Klarheit und Entschiedenheit aus. Hören Sie nur einmal, was er sagt:

Gott ist höchste Macht und höchstes Sein. Alle Macht ist von ihm und ist und bleibt in ihrem Wesen göttlich und gut. Sollte der Teufel Macht haben, so ist auch diese Macht, insofern sie eben Macht ist, göttlich und gut. Nur der Wille des Teufels ist böse. Aber auch trotz dieses immer bösen, teuflischen Willens bleibt die Macht selbst göttlich und gut.

So der große Heilige Gregor. Er sagt: Nur der *Wille* zur Macht ist böse, aber die Macht selbst ist immer gut.

J. Das ist geradezu unglaublich. Da leuchtet mir aber Jacob Burckhardt eher ein, der bekanntlich gesagt hat: Die Macht ist an sich böse.

C.S. Sehen wir uns diesen berühmten Ausspruch Burckhardts einmal etwas näher an. Die entscheidende Stelle in seinen »Weltgeschichtlichen Betrachtungen« lautet so:

Und nun zeigt es sich – man denke dabei an Ludwig XIV., an Napoleon und an die revolutionären Volksregierungen –, daß die Macht an sich böse ist (Schlosser), daß ohne Rücksicht auf irgendeine Religion das Recht des Egoismus, das man dem einzelnen abspricht, dem Staate zugesprochen wird.

Den Namen Schlosser hat der Herausgeber der »Weltgeschichtlichen Betrachtungen«, Burckhardts Neffe Jacob Oeri, in Klammern beigefügt, sei es als Beleg, sei es als Autorität.

J. Schlosser, das ist doch ein Schwager Goethes.

C.S. Der Schwager Goethes hieß Johann Georg

Schlosser. Hier ist Friedrich Christoph Schlosser gemeint, der Verfasser einer humanitären Weltgeschichte, den Jacob Burckhardt in seinen Vorlesungen gern zitierte. Aber beide, oder meinetwegen auch alle drei, Jacob Burckhardt und beide Schlosser zusammengenommen, reichen doch noch lange nicht an Gregor den Großen heran.

J. Aber schließlich leben wir doch nicht mehr im frühen Mittelalter! Ich bin sicher, daß den meisten Menschen heute Burckhardt mehr einleuchtet als Gregor der Große.

C.S. Offenbar muß sich seit der Zeit Gregors des Großen mit Bezug auf die Macht etwas Wesentliches geändert haben. Denn auch zur Zeit Gregors des Großen gab es Kriege und Schrecken aller Art. Andrerseits sind die Machthaber, an denen sich nach Burckhardt das Böse der Macht besonders zeigen soll – Ludwig XIV., Napoleon und die französischen Revolutionsregierungen – schon ziemlich moderne Machthaber.

J. Die waren ja noch nicht einmal motorisiert. Und von Atombomben und Wasserstoffbomben *ahnten* sie noch nicht einmal etwas.

C.S. Wir dürfen Schlosser und Burckhardt zwar nicht für heilige, aber doch für fromme Menschen halten, die nicht leichtfertig eine solche Äußerung getan haben.

J. Wie ist es denn möglich, daß ein frommer Mensch des 7. Jahrhunderts die Macht für gut hält, während fromme Menschen des 19. und 20. Jahrhunderts sie für böse halten? Da muß sich etwas Wesentliches geändert haben.

C.S. Ich glaube, im letzten Jahrhundert hat sich uns das Wesen menschlicher Macht in ganz besonderer Weise enthüllt. Es ist nämlich seltsam, daß sich die These von der bösen Macht gerade seit dem 19. Jahrhundert verbreitet. Wir hatten doch gedacht, das Machtproblem wäre gelöst oder doch entschärft, wenn die Macht weder von Gott noch von der Natur stammt, sondern etwas ist, was die Menschen unter sich abmachen. Was soll denn der Mensch noch fürchten, wenn Gott tot und der Wolf nicht einmal mehr ein Kinderschreck ist? Aber gerade seit dem Zeitalter, in dem diese Vermenschlichung der Macht sich zu vollenden scheint – seit der Französischen Revolution –, verbreitet sich nun unwiderstehlich die Überzeugung, daß die Macht an sich böse ist. Der Ausspruch *Gott ist tot* und der andere Ausspruch *Die Macht ist an sich böse* stammen beide aus derselben Zeit und derselben Situation. Im Grunde besagen beide dasselbe.

J. Das bedürfte eigentlich noch einer Erklärung.

C.S. Um das Wesen menschlicher Macht, wie es sich in unserer heutigen Lage enthüllt, richtig zu verstehen, bedienen wir uns am besten einer Relation, die der schon erwähnte, immer noch modernste Philosoph rein menschlicher Macht, der Engländer Thomas Hobbes, gefunden hat. Er hat diese Relation in aller Exaktheit ausgesprochen und bestimmt, und wir wollen sie nach ihm die »Hobbesianische Gefährlichkeits-Relation« nennen. Hobbes sagt: Der Mensch ist anderen Menschen, von denen er sich gefährdet glaubt, um ebensoviel gefährlicher als jedes Tier, wie die Waffen des Menschen gefährlicher sind als die des Tieres. Das ist eine klare und bestimmte Relation.

J. Schon Oswald Spengler hat gesagt, der Mensch sei ein Raubtier.

C.S. Verzeihung! Die Gefährlichkeits-Relation, die Thomas Hobbes aufstellt, hat mit der

These Oswald Spenglers nicht das geringste zu tun. Hobbes setzt im Gegenteil voraus, daß der Mensch *kein* Tier ist, sondern etwas ganz anderes, einerseits weniger, andrerseits viel mehr. Der Mensch ist imstande, seine biologische Schwäche und Unzulänglichkeit durch technische Erfindungen auf eine ungeheuerliche Weise zu kompensieren, zu überkompensieren. Nun geben Sie acht. Um 1650, als Hobbes dieses Maßverhältnis aussprach, waren die Waffen des Menschen – Pfeil und Bogen, Axt und Schwert, Gewehre und Kanonen – schon sehr überlegen und gefährlich genug im Vergleich zu den Pranken eines Löwen oder den Zähnen eines Wolfes. Heute aber ist die Gefährlichkeit der technischen Mittel ins Grenzenlose gesteigert. Infolgedessen hat sich auch die Gefährlichkeit des Menschen gegenüber anderen Menschen entsprechend gesteigert. Dadurch wächst der Unterschied von Macht und Machtlosigkeit in einer so uferlosen

Weise, daß er den Begriff des Menschen selbst in eine völlig neue Fragestellung hineinzieht.

J. Das verstehe ich nicht.

C. S. Hören Sie zu. Wer ist denn hier eigentlich noch der Mensch? Derjenige, der diese modernen Vernichtungsmittel produziert und anwendet, oder derjenige, gegen den sie angewandt werden? Es führt uns keinen Schritt weiter, wenn man sagt: Die Macht ist ebenso wie die Technik selbst an sich weder gut noch böse, sondern neutral; sie ist infolgedessen das, was der Mensch in ihr, mit ihr und aus ihr macht. Das würde vor der eigentlichen Schwierigkeit, vor der Frage, wer hier über gut und böse entscheidet, nur ausweichen.

Die Macht der modernen Vernichtungsmittel übersteigt die Kraft der menschlichen Individuen, die sie erfinden und zur Anwendung bringen, um ebensoviel, wie die Möglichkeiten moderner Maschinen und Verfahren die Kraft menschlicher

Muskeln und Gehirne übersteigen. In dieser Stratosphäre, in diesem Ultra-Schall-Bereich kommt der gute oder böse menschliche Wille überhaupt nicht mehr mit. Der menschliche Arm, der die Atombombe hält, das menschliche Gehirn, das die Muskeln dieses menschlichen Armes innerviert, ist im entscheidenden Augenblick weniger ein Glied des individuellen Einzelmenschen als eine Prothese, ein Teil der technischen und sozialen Apparatur, die die Atombombe produziert und zur Anwendung bringt. Die Macht des individuellen Machthabers ist hier nur noch die Ausschwitzung einer Situation, die sich aus einem System unberechenbar übersteigerter Arbeitsteilung ergibt.

J. Ist es denn nicht großartig, daß wir heute in die Stratosphäre eindringen, oder in den Bereich des Ultraschalls, oder in den Weltenraum, und daß wir Maschinen haben, die schneller und besser rechnen als jedes menschliche Gehirn?

C.S. In diesem »Wir« steckt die eigentliche Frage. Es ist ja nicht mehr der Mensch als Mensch, sondern eine von ihm entfesselte Kettenreaktion, die das alles leistet. Indem sie die Grenzen der menschlichen Physis übersteigt, transzendiert sie auch alle zwischenmenschlichen Maße jeder denkbaren Macht von Menschen über Menschen. Sie überrollt auch die Beziehung von Schutz und Gehorsam. Noch weit mehr als die Technik ist die Macht den Menschen aus der Hand geglitten, und die Menschen, die mit Hilfe solcher technischen Mittel Macht über andere ausüben, sind mit jenen, die ihrer Macht ausgesetzt sind, nicht mehr unter sich.

J. Aber diejenigen, die die modernen Vernichtungsmittel erfinden und herstellen, sind doch auch nur Menschen.

C.S. Auch ihnen gegenüber ist die von ihnen bewirkte Macht eine objektive, eigengesetzliche Größe, die die enge physische, intellektuelle und seelische Kapazität des einzelnen menschlichen Erfinders unendlich übersteigt. Indem sie diese Vernichtungsmittel erfinden, arbeiten die Erfinder gleichzeitig unbewußt an der Entstehung eines neuen Leviathan. Schon der moderne, gut durchorganisierte europäische Staat des 16. und 17. Jahrhunderts war ein technisches Kunstprodukt, ein von Menschen geschaffener, aus Menschen zusammengesetzter Über-Mensch, der in dem Bilde des Leviathan als der große Mensch, der μάκρος ἄνθρωπος, den ihn produzierenden kleinen Menschen, dem einzelnen Individuum, dem μίκρος ἄνθρωπος, mit Über-Macht entgegentrat. In diesem Sinne war der gut funktionierende europäische Staat der Neuzeit die erste moderne Maschine und zugleich die konkrete Voraussetzung aller weiteren technischen Maschinen. Er war die Maschine der Maschinen, die machina machinarum, ein aus Menschen zusammengesetzter Über-

Mensch, der durch menschlichen Konsens zustande kommt und doch in dem Augenblick, in dem er da ist, jeden menschlichen Konsens übersteigt. Gerade weil es sich hier um eine von Menschen organisierte Macht handelt, empfindet Burckhardt das als an sich böse. Deshalb verweist er bei seinem berühmten Ausspruch nicht auf Nero oder Dschinghis Khan, sondern auf typisch moderne europäische Machthaber: Ludwig XIV., Napoleon und die revolutionären Volksregierungen.

J. Vielleicht können weitere wissenschaftliche Erfindungen das alles ändern und in Ordnung bringen.

C.S. Das wäre gut. Aber wie wollen sie es ändern, daß Macht und Ohnmacht heute nicht mehr Auge in Auge gegenüberstehen und sich nicht mehr von Mensch zu Mensch erblicken? Die Menschenmassen, die sich der Wirkung moderner Vernichtungsmittel machtlos ausgesetzt fühlen, wissen vor allem, daß sie ohnmächtig sind. Die Wirklichkeit der Macht geht über die Wirklichkeit des Menschen hinweg.

Ich sage nicht, daß die Macht von Menschen über Menschen gut ist. Ich sage auch nicht, daß sie böse ist. Am allerwenigsten sage ich, daß sie neutral ist. Und ich würde mich als denkender Mensch schämen zu sagen, daß sie dann gut ist, wenn *ich* sie habe und böse, wenn mein Feind sie hat. Ich sage nur, daß sie jedem, auch dem Machthaber gegenüber eine eigenständige Wirklichkeit ist und ihn in ihre Dialektik hineinzieht. Die Macht ist stärker als jeder Wille zur Macht, stärker als jede menschliche Güte und glücklicherweise auch stärker als jede menschliche Bosheit.

J. Es ist zwar beruhigend, daß die Macht als eine objektive Größe stärker sein soll als alle Bosheit der Menschen, die Macht ausüben; aber es bleibt andererseits doch unbefriedigend, daß sie auch stärker sein soll als die Güte der Menschen. Das ist mir nicht bejahend genug. Hoffentlich sind Sie kein Machiavellist.

C.S. Das bin ich bestimmt nicht. Übrigens war Machiavelli selber auch kein Machiavellist.

J. Das ist mir zu paradox.

C.S. Ich finde es sehr einfach. Wenn Machiavelli ein Machiavellist gewesen wäre, dann hätte er bestimmt keine Bücher geschrieben, die ihn in ein schlechtes Licht gesetzt hätten. Er hätte fromme und erbauliche Bücher veröffentlicht, am besten einen Anti-Machiavell.

J. Das wäre natürlich schlauer gewesen. Aber es muß doch praktische Nutzanwendungen Ihrer Auffassung geben. Was sollen wir denn nun eigentlich tun?

C.S. Was wir tun sollen? Erinnern Sie sich an

den Anfang unseres Gesprächs? Sie haben mir da die Frage gestellt: ob ich selber Macht habe oder keine. Jetzt können wir den Spieß einmal umdrehen, indem ich Sie frage: Haben Sie selber Macht, oder haben Sie keine?

J. Anscheinend wollen Sie vor meiner Frage nach der Nutzanwendung ausweichen.

C. S. Im Gegenteil, ich wollte mir nur die Möglichkeit verschaffen, eine sinnvolle Antwort auf Ihre Frage zu geben. Wenn einer sich mit Bezug auf die Macht nach praktischen Nutzanwendungen erkundigt, dann ist es doch wohl ein Unterschied, ob er selber Macht hat oder keine.

J. Allerdings. Aber Sie sagen doch immer wieder, daß die Macht etwas Objektives ist und stärker als jeder Mensch, der sie handhabt. Da muß es doch einige Beispiele praktischer Nutzanwendung geben.

C. S. Es gibt unendlich viele, sowohl für den, der die Macht hat, wie für den, der keine hat. Es wäre nämlich schon ein großer

Erfolg, wenn man es erreichen könnte, daß die wirkliche Macht öffentlich und sichtbar auf der politischen Bühne erscheint. Dem Machthaber würde ich z.B. empfehlen, niemals ohne ministerielle oder entsprechende Bekleidungsstücke in der Öffentlichkeit zu erscheinen. Einem Machtlosen würde ich sagen: Glaube nicht, daß du schon deshalb gut bist, weil du keine Macht hast. Und wenn er darunter leidet, daß er keine Macht hat, würde ich ihn daran erinnern, daß der Wille zur Macht ebenso selbstzerstörend ist wie der Wille zur Lust oder zu andern Dingen, die nach Mehr schmecken. Den Mitgliedern einer verfassunggebenden oder verfassungberatenden Versammlung würde ich das Problem des Zugangs zur Spitze ans Herz legen, damit sie nicht meinen, sie könnten die Regierung ihres Landes nach irgendeinem Schema wie einen längstbekannten Job organisieren. Kurz, Sie sehen, es gibt sehr viele praktische Nutzanwendungen.

J. Aber der Mensch! Wo bleibt der Mensch?

C.S. Alles, was ein Mensch – mit oder ohne Macht – denkt oder tut, geht über den Korridor des menschlichen Bewußtseins und anderer menschlich-individueller Vermögen.

J. Dann ist also der Mensch dem Menschen ein Mensch!

C.S. Das ist er auch. Allerdings immer nur ganz konkret. Das bedeutet zum Beispiel: der Mensch Stalin ist dem Menschen Trotzki ein Stalin, und der Mensch Trotzki ist dem Menschen Stalin ein Trotzki.

J. Soll das Ihr letztes Wort sein?

C.S. Nein. Ich wollte Ihnen damit nur sagen, daß die schöne Formel: Der Mensch ist dem Menschen ein Mensch – homo homini homo – keine Lösung, sondern erst der Anfang unserer Problematik ist. Ich meine das kritisch, aber durchaus bejahend, im Sinne des großartigen Verses:

Doch Mensch zu sein, bleibt trotzdem ein Entschluß.

Das soll mein letztes Wort sein.

RÜCKBLICK AUF DEN VERLAUF DES GESPRÄCHS

BRIEFE

Carl Schmitt
Ernst Jünger

Ernst Jünger an Carl Schmitt
(14b) Wilflingen über Riedlingen, 17.12.54.

Lieber Carl Schmitt,

Gestern nacht las ich Ihre Schrift, mit der Spannung, mit der ich von jeher die Auseinandersetzungen über die Macht verfolgt habe – also eigentlich schon, seitdem ich über die Verteilung der Rollen in »Rotkäppchen« und andern Märchen nachdachte.

Sie haben da wieder einen Beitrag gezollt, und manche dieser Gedanken und Maximen werden Schule machen, gleichviel ob man sich auf den Autor beruft, oder ob sie sich einfiltrieren, indem man ihn verschweigt. Das letztere ist ja der sicherste Weg der Gedanken, und der mächtigste – spiritus flat ubi vult. Daß Sie so ganz ohne Macht sind, wie Sie auf p. 7 vorwegnehmen, glauben ja weder Sie noch ich.

Hinsichtlich eines zentralen Gedankens fand ich mich besonders angesprochen, nämlich hinsichtlich der Überhöhung oder Transformierung der Macht in einen anonymen Rang. An diesem Punkte ergeben sich zwei mögliche Conklusionen: einmal die naheliegende, daß die Macht in genau dem Augenblick als böse bezeichnet wurde, in dem man sie als Verhältnis unter Menschen ansah – und zweitens, ob diese anonyme Größe nicht doch gestalthaft zu benennen sei, und darin eine der möglichen und heilsamen Lösungen liegt.

Es ist vielleicht gut, daß Sie sich so knapp gefaßt haben. Der Zugang zum Machthaber gehört aber zu den Urphänomenen und fordert zu zahllosen Beispielen nicht nur auf der politischen, sondern auch auf der zoologischen und soziologischen Ebene heraus. Ich nenne nur die Piloten der Haifische und die katholische Pfarrhäuserin. So stecken mancherlei Bücher in Ihrer Schrift. Auch Ihr Seitenlicht auf den Marquis Posa hat mich ergötzt. Wenn man so eine Figur beleuchtet, die immer unter einem faux jour betrachtet wurde, kann sie in das rechte Licht kommen.

Ihr Gewinn an sicherer Diktion hat mich erfreut, vor allem auch im Hinblick darauf, daß ich mich nun auch dem Abenteuer meines sechzigsten Jahres nähere. Da beschäftigt man sich sowohl mit Befürchtungen als auch mit Hoffnungen. Als Quisquilie fiel mir auf: p. 22, Zeile 8 [S. 36, Z. 15], wo wohl statt »mit« stehen sollte »in Bezug«.

Gestern habe ich die letzte Maxime von Rivarol übersetzt und damit eine Arbeit oder vielmehr ein Vergnügen abgeschlossen, das mich seit 1945 hin und wieder beschäftigte. Ich möchte nun noch eine Einleitung schreiben und überlege, ob ich sie Rivarol allein oder Rivarol und Burke widmen, oder aber einen kurzen Überblick geben soll über die konservativen Bemühungen seit 1789, also des verlorenen Postens überhaupt, denn alle diese Geister urteilen zwar sicher, aber aus einer alten Vorstellung der Macht, wie Vertreter der klassischen Physik in einer veränderten Welt.

Sagte ich Ihnen einmal, daß mir auf dem Umzuge nach dem Süden die meisten Ihrer Bücher und Schriften verloren gegangen sind? Ich verfolge die Antiquariats-Cataloge, doch kommt selten etwas vor. Aber die Bibliographie sollte ich zunächst anschaffen.

Mit guten Wünschen zum Feste und für das Neue Jahr

Ihr Ernst Jünger

Ernst Jünger an Carl Schmitt
(14b) Wilflingen über Riedlingen, 18.12.54.

Lieber Carl Schmitt,

Im Anschluß an meinen heutigen Brief sah ich unter meinen Büchern nach und sah, daß ich doch die Bibliographie habe. Außerdem Schattenrisse, Politische Romantik, Verfassungslehre, Begriff des Politischen, Recht und Raum, Formung des französischen Geistes, Lage der europäischen Rechtswissenschaft, Leviathan, Donoso Cortès. Also ist doch noch eine gute Menge da. Besonders die Schattenrisse kann nicht jeder vorweisen.*

Ihr Ernst Jünger

* Dieser Satz ist ambivalent.

Ernst Jünger an Carl Schmitt
(14b) Wilflingen über Riedlingen, 16. 1. 55.

Lieber Carl Schmitt,

Aus Stargardts Autographen-Catalog. Combination, die Sie vielleicht interessiert. Ich nehme an, dass das Gespräch um 1848 herum stattgefunden hat. Ihr

Ernst Jünger

Carl Schmitt an Ernst Jünger
Plettenberg, den 23. Januar 1955.

Lieber Ernst Jünger,

ich möchte es noch erleben, daß ich Ihnen und Ihrer Frau das »Gespräch über die Macht«, über das Sie mir einen so inhaltreichen Brief geschrieben haben, einmal auf dem privaten Tonband vorführen kann, das ich davon besitze. Es ist ein Gespräch zwischen Anima und mir; ein Nachbar, der ein Magnetophon hat, nahm es auf und führte es im Juli zu meinem Geburtstag vor. Bei diesem Anlaß habe ich bedauert, daß ich kein solches Tonband von meiner Frau habe. Das sind die schönsten Andenken, wenn die festgehaltenen Äußerungen nicht beliebiges Gerede, sondern wohlüberlegte Erklärung sind. So könnte ich mir auch ein wirkliches Testament denken. Man muß sich aber Zeit dafür lassen und eine gute Stunde abwarten.

Über Ihr Sanduhr-Buch hörte ich eine ziemlich jämmerliche Beredung im NWDR, nach Art einer Gerichtssitzung. Das letzte hat mich am meisten geärgert, weil das ganze so schlaff war, daß nicht einmal die Form der Anklage und der Verteidigung eine Spannung ergab. Woher diese Erschlaffung der nachrückenden Jahrgänge? Vielleicht ist es so:

Der Deutsche hat jetzt keine Zeit,
Er muß jetzt Kafka lesen,
Er strengt sich an und ist bereit,
An Kafka zu genesen.

Auf Ihre Rivarol-Ausgabe und besonders auf die Vorrede bin ich äußerst gespannt und begierig. Was Sie über diese Konservativen sagen, trifft zu. Ich kann auch de Maistre nicht mehr lesen. Eher noch Bonald, aber nur seine Anmerkungen, nicht das, was er für ein »System« hält. Auch er ist Remigrant.

Für Giono's »Notes sur un Machiavel« vielen Dank! Es ist ein Vergnügen zu lesen. Aber vielleicht bin ich selber zu sehr in der Lage des bouc émissaire, des *Hazazel* (Anlage 1), als daß dieses Vergnügen mich fesseln könnte. Auch für den Hinweis auf die Unterredung zwischen Bettina und Bruno Bauer bin ich Ihnen sehr dankbar. Haben Sie noch Bruno

Bauers Philo-Schrift, die ich Ihnen früher einmal gab? Ich habe mein Exemplar verloren. Philo ist für mich plötzlich in den Mittelpunkt gerückt, im Zusammenhang meiner Νόμος-Untersuchungen. Er hat behauptet, und alle sprechen es ihm nach – auch Pascal –, daß das Wort Nomos bei Homer nicht vorkomme, eine dreiste Behauptung, die schon *Voltaire* (Anlage 2) zurückgewiesen hat, leider ohne daß es genutzt hätte.

Den Teil meiner Bibliothek, den die Amerikaner 1945 beschlagnahmt und mir 1952 zurückgegeben haben, habe ich im Dezember 1954 an das Antiquariat Kerst in Frankfurt verkauft. Traurig, aber schließlich konnte ich es nicht anders einrichten. Schließlich ist es auch natürlich, daß die Schicksale der Bücher den Schicksalen der Menschen folgen. Diese, jetzt verkauften Exemplare haben einen gewissen historischen Kuriositätswert, weil sie sämtlich einen schönen Stempel »Legal Division U.S. Group, CC Germany Library, Prof. Carl Schmitt-Library« und ein schönes, mit weißer Tusche gemaltes S mit Nummer tragen. Schade, daß ich nicht daran gedacht habe, Ihnen ein Exemplar als Andenken zu reservieren. Wenn ich aber noch ein passendes Exemplar auftreiben kann, werde ich es für Sie besorgen.

Sie fragen nach Büchern von mir, die Ihnen fehlen. Was käme da in Betracht? Ich nehme an, daß Sie den »Versuch einer C. S. Bibliographie«, den P. Tommissen 1953 angefertigt hat, besitzen. Es würde mir eine Freude machen, Ihnen alles zu schenken, was Sie interessiert. Eine Kleinigkeit füge ich gleich bei. (Anlage 3)

Vergessen Sie nicht, lieber Ernst Jünger, daß Sie mir einmal eine Anti-Strophe zum »Gesang des Sechzigjährigen«

– hier wurde ich gestern, Sonntag, nachmittag unterbrochen. Heute, am 24. Januar, schreibe ich den Schluß dieses Briefes. Das Datum bringt viele Erinnerungen an Begegnungen und Gespräche mit Ihnen mit sich. Im Augenblick denke ich an den 24. Januar 1934, den Tag, an dem ich meinen Vortrag über

»Staatsgefüge und Zusammenbruch des zweiten Reiches, den Sieg des Bürgers über den Soldaten« hielt. Damals war ich viel mit Ott und Marcks zusammen. Marcks ist jetzt in dem Buch »Nemesis der Macht« von Wheeler-Bennet (Deutsche Ausgabe von Frh. von dem Bussche bevorwortet) auf das Unanständigste angespuckt worden. Die Giftsaat hört nicht auf. Ich füge noch eine Zeichnung bei. Raten Sie, wer das ist?

Viele herzliche Grüße und Wünsche Ihnen, lieber Ernst Jünger, Ihrer verehrten Frau und Carl Alexander

von Ihrem alten Carl Schmitt.

In einigen Exemplaren des »Macht-Gespräches« habe ich als Widmung geschrieben: Ernst Jünger sagt: Die Robespierre treten in die Macht wie in einen Käfig ein. Ich frage: warum nur die Robespierre? Alle, böse und gut, treten in die Macht wie in einen Käfig ein. – Auch die Stelle S. 398 oben (über Abel Bonnard) eignet sich als Widmung.

Ernst Jünger an Carl Schmitt
Cannstatt, 2.2.55.

Lieber Carl Schmitt,

Ihren Brief beantworte ich mit dieser, nur vorläufigen Bestätigung. Ich bin in Cannstatt, um zu baden und die Wässer zu nehmen.

Ihre Zeichnung betrachteten wir lange. Meine Frau gab ihr eine günstige, ich eine ungünstige Auslegung. Für mich ist's ein Wesen ohne Kopf mit Froschfüssen.

Sündenböcke sind aber gut. Jedem sein Sündenbock! Wir beide dürfen uns rühmen, sehr brauchbare Sündenböcke zu sein. Nur, daß ich den ersten Weltkrieg erfunden habe, das muß ich ablehnen, den habe ich von meinem Vater geerbt. Und als ich dann so richtig mit seinem Pfunde gewuchert hatte, wollte ers nicht mehr wahrhaben. Das ist der Januskopf der national-liberalen Generation.

Ihr E.J.

NACHWORT
VON GERD GIESLER

In seinem langen Leben hat sich Carl Schmitt mit der Macht befaßt, sie ausgeübt und erfahren. Begonnen hat diese Beschäftigung mit dem abgründigen Thema in seiner Habilitationsschrift ›Der Wert des Staates und die Bedeutung des Einzelnen‹[1], in der er von der Machtgrundlage des Rechts ausgeht, aber auch davon, daß die Macht das Recht als notwendige Voraussetzung brauche, um eine politische Ordnung als Rechtsordnung zu stiften. In seiner letzten Veröffentlichung ›Die legale Weltrevolution – Politischer Mehrwert als Prämie auf juristische Legalität und Superlegalität‹[2] kommt Carl Schmitt noch einmal auf eine seiner prägnanten Formulierungen zurück, die unvermeidlichen Prämien auf den staatlich-legalen Machtbesitz[3], so daß auch heute Weltrevolutionen – da sie gezwungen sind, legal abzulaufen, um die staatliche Macht industriell entwickelter Gesellschaften in die Hände zu bekommen – durch legale Machtpositionen der angegriffenen Gemeinschaften behindert werden können. Durch seinen Beruf als Rechtsgelehrter, seine politisch-wissenschaftlichen Lebensstationen und seine intellektuelle Fähigkeit, Phänomene an sich herankommen zu lassen, »vom Stoff her zu denken« und sie dann erst begrifflich zu fassen[4], sind im 20. Jahrhundert Fragen der Macht und Machtausübung selten so treffend beschrieben worden wie durch Carl Schmitt.

Während seiner Militärzeit im stellvertretenden Generalkommando des I. Bayerischen Armeekorps von 1915 bis 1919 war Carl Schmitt im Referat P6 für die Überwachung der Friedensbewegung, die Ein-, Ausfuhr und Beschlagnahme von Druckerzeugnissen u. a. zuständig. Die engen Kontakte zur Zensurstelle im Kriegsministerium schlugen sich in operativen Maßnahmen gegen bekannte pazifistische Schriftsteller nieder.[5] Auf Grund seiner Erfahrungen in einer großen Militärbehörde, deren kommandierender General die vollziehende Gewalt innehatte, wählte er für seine Probevorlesung zur Straßburger Habilitation 1916 das Thema, wie der Kriegszustand auf das ordentliche strafprozessuale Verfahren einwirkt – eine Fragestellung zur Macht und zu Machtgrenzen von Militärbefehlshabern.[6]

Carl Schmitt erlebte den plötzlichen Zusammenbruch der bayerischen Monarchie und den Bürgerkrieg zwischen Anhängern der Räterepublik und der Reichswehr 1919 in seiner Dienststelle, zuletzt im Brennpunkt der Ereignisse in der Münchner Stadtkommandantur. Nicht weniger beeindruckte ihn die russische Oktoberrevolution. Seine Studien zur Ideengeschichte des Souveränitätsbegriffs seit den Religionskriegen führten zusammen mit diesen Erfahrungen zu Carl Schmitts erstem systematischen Werk ›Die Diktatur. Von den Anfängen des modernen Souveränitätsgedankens bis zum proletarischen Klassenkampf‹, in dem schon das große Thema des Ausnahmezustands und der Macht behandelt wird, die aus der konstituierenden Gewalt des Volkes, dem *pouvoir constituant*, hervorgeht.[7]

In der Weimarer Republik wurde Carl Schmitt berühmt durch seine Interpretation der Machtbefugnisse des Reichspräsidenten, der in Krisenzeiten mittels der sogenannten Diktaturvollmacht nach Artikel 48 Abs. 2 der Weimarer Reichsverfassung gesetzesvertretende Notverordnungen ohne Einschaltung des Parlaments erlassen konnte.[8] Unmittelbar nahe an das Zentrum der politischen Macht rückte Carl Schmitt, als er in der Umgebung des Reichskanzlers im September 1932 einen Notstandsplan entwickelte, der die Machtübernahme durch Hitler verhindern sollte, indem die Regierung unter Ausschaltung des gelähmten Reichstags aufgrund des Artikels 48 WRV handeln würde.[9]

Auf die durch die Entwicklung der Technik gesteigerten Machtmittel des Staates, in Waffen-, Verkehrs- und Nachrichtentechnik, hat Carl Schmitt seit Ende der zwanziger Jahre hingewiesen. In der Massendemokratie ist für ihn vor allem die Beherrschung der Methoden, mit denen die öffentliche Meinung des Volkes beeinflußt wird, das entscheidende, zur Willens- und Konsensbildung unentbehrliche

Machtinstrument des modernen Staates. Dazu zählt er auch dessen Einwirkung auf die Volkswirtschaft, die Gestaltung und Verteilung des Volkseinkommens und die damit verbundene Planung eines funktionierenden Wirtschaftsprozesses. Die politische Macht, so resümiert Carl Schmitt Anfang 1933, sei die unentbehrliche Voraussetzung eines effektiven Wirtschaftsplans; nicht umgekehrt begründet der Plan eine Herrschaft.[10]

Nach der Ernennung Adolf Hitlers zum Reichskanzler und der Verabschiedung des Ermächtigungsgesetzes war Carl Schmitt bereit, in der neuen Regierung mitzuarbeiten, um im Umkreis der Macht zu wirken; er formulierte das Reichstatthaltergesetz, das die Souveränität der Länder beendete, sowie das Preußische Gemeindeverfassungsgesetz. Drei Jahre lang hatte er prominente, mit Einfluß verbundene Stellungen inne, so als Preußischer Staatsrat, Leiter der Reichsfachgruppe Hochschullehrer des Bundes Nationalsozialistischer Deutscher Juristen, Mitglied der Akademie für deutsches Recht und Herausgeber wichtiger Zeitschriften und Buchreihen.[11]

Nach seiner Entmachtung durch die SS setzte er sich mit dem Werk ›Leviathan‹ von Thomas Hobbes und dessen Konzept der rationalen staatlichen Macht auseinander, die für Schutz und Sicherheit der Staatsunterworfenen sorgt. Die Relation von Schutz und Gehorsam ist für Carl Schmitt der Angelpunkt der Hobbesschen Staatskonstruktion; wenn der Schutz aufhört, entfällt der Gehorsam.[12] Bedroht ist diese politische Gefahrenübernahme des Staates von den Gewalten der *potestas indirecta*, die »die eindeutige Übereinstimmung von staatlichem Befehl und politischer Gefahr, von Macht und Verantwortung, Schutz und Gehorsam, trübt und, aus der Unverantwortlichkeit eines zwar nur indirekten, aber darum nicht weniger intensiven Herrschens heraus, alle Vorteile, jedoch keine Gefahr der politischen Macht in der Hand hat.«[13]

Das Rundfunkgespräch

Carl Schmitt lebte nach dem Ende seiner Universitätslaufbahn und der Entlassung aus der Gefangenschaft in Camp und Zeugenhaft in Nürnberg seit 1947 in seiner Heimatstadt Plettenberg. Er versuchte bald, Verbindungen mit Gelehrten und Journalisten wiederanzubahnen oder neue zu knüpfen.[14] So hatte er 1951 Kontakte zum Hessischen Rundfunk, in dem am 19. Juni abends ein Gespräch über Geschichtsphilosophie mit Walter Warnach gesendet wurde. Als dieser Sender für sein Programm ›Abendstudio‹ interessante Themen suchte, hatte der Redakteur, Heinz Friedrich, über Alfred Andersch Kontakt mit Carl Schmitt bekommen. Aus Gesprächen entstand der Vorschlag, in einem Dialog mit einem Zeitgenossen als Widerpart das Thema Macht zu erörtern.[15]

Bereits 1947 hatte Carl Schmitt während seiner Zeugenvernehmung im Nürnberger Justizgefängnis dem Interrogator Robert Kempner auf die Frage zur ›Stellung des Reichsministers und Chefs der Reichskanzlei‹ schriftlich mit staatsrechtlichen Bemerkungen geantwortet und dabei die »aufs Äußerste getriebene Vereinigung aller Macht in der Hand Hitlers« und die Problematik des Zugangs zum Machthaber ausführlich beschrieben.[16] Das Rundfunkgespräch sowie die spätere Buchfassung hat Carl Schmitt selbst als Weiterführung seiner Gedanken aus Nürnberg bezeichnet[17], die wiederum auf den Erlebnissen und Erfahrungen des vorhergehenden Jahrzehnts beruhten, nicht zuletzt auch dem eigenen Ausgeliefertsein an die Ohnmacht-Situation in der Haft von 1945 bis 1947.[18]

Als angemessener Gesprächspartner war zunächst der französische Politologe Raymond Aron eingeladen worden; nach dessen wegen einer Moskau-Reise erfolgter Absage wurden nacheinander der Soziologe Helmut Schelsky und der Philosoph Arnold Gehlen angesprochen. Als diese Korrespondenz nicht zu verbindlichen Abmachungen führte, schlug

Carl Schmitt vor, selbst ein Manuskript zu verfassen, das in Dialogform das Thema abhandeln würde.[19] Friedrich akzeptierte den Vorschlag und machte im Brief vom 31. Mai 1954 sehr genaue Vorgaben (Sendezeit eine Stunde, Manuskriptumfang 22–24 Schreibmaschinenseiten 1 1/2 zeilig geschrieben, Ablieferung in einer Woche).[20] Carl Schmitt schickte am 8. Juni das Manuskript mit der Bemerkung: »Das Gespräch ist insofern eine Art Denkspiel, als es sich um den Gegensatz moralischen und dialektischen Denkens dreht. Der Sprecher X vertritt den moralischen Standpunkt, der immer sofort wertet, statt erst einmal zu sehen… Ein öffentliches Gespräch von einer Stunde mit einem originellen und bedeutenden Denker wie Gehlen ist immer ein Wagnis. Daß in einem solchen Fall beide Partner im Laufe einer Stunde in ein echtes, und zugleich für einen Dritten ohne weiteres verständliches Gespräch geraten, ist pure Glückssache. Mit Schelsky hatte ich mir besondere Hoffnungen gemacht, weil er ein vorzüglicher Hobbes-Kenner ist, und man hätte versuchen können, das Gespräch um Ideen und Formulierungen von Hobbes zu gruppieren. Aber auch das wäre wohl zu gelehrt und spezialistisch geworden. Also empfehle ich den beiliegenden Herrn X Ihrem Wohlwollen.«[21]

Das Gespräch wurde mit dem Titel ›Prinzipien der Macht‹ am 22. Juni 1954 gesendet. Carl Schmitt bedankte sich am 23. Juni mit einem Schreiben an den Hessischen Rundfunk, Kulturelles Wort – Abendredaktion: »Der Empfang von Frankfurt ist hier im Sauerland oft ungleichmäßig; die gestrige Sendung war aber gut vernehmbar. Ich möchte sowohl dem Regisseur als auch den beiden Sprechern meinen aufrichtigen Dank für die hervorragende Wiedergabe und Interpretation des Gespräches sagen. Sinn und Intention des Ganzen wie aller wichtigen Einzelheiten sind ausgezeichnet getroffen. An manchen Stellen hat mich die Kraft und Eindringlichkeit des Vortrags ergriffen.«[22] Am 22. November 1954 wurde es im 1. Programm des Nordwestdeutschen Rundfunk um 22.10 Uhr unter dem Titel ›Macht – so gefährlich wie immer, so verdeckt wie nie. Der Staatsrechtler Carl Schmitt über Prinzipien der Macht‹ wiederholt.[23]

Die Resonanz war durchweg positiv; so äußerte sich der Verlagslektor und erfahrene Literatur- und Rundfunkfachmann Friedhelm Kemp, das Gespräch sei »als Hör-Denkspiel beinahe vollkommen«.[24] Anima Schmitt, Carl Schmitts einziges Kind, die zu der Zeit in Heidelberg studierte, schrieb am 24. Juni 1954 sehr anschaulich ihrem Vater: »Cher Papa, am Dienstag Abend hörte ich bei Forsthoff – nach allseitiger und vorbildlicher Propaganda, die durch die technisch noch gar nicht perfektionierten Radioverhältnisse der Heidelberger Professoren und Wirtinnen leider ihre verdiente Wirkung entbehren mußte – das Machtgespräch. Durch Gewitternähe war das Gespräch etwas beeinträchtigt, aber durchaus verständlich und von beiden Sprechern gut, sinngemäß und im richtigen Tempo gesprochen. Gestrichen hatte man nur einige Gags – aus traurigem Mangel an Sinn für Ironie und Pointen.«[25] Anläßlich der Wiederholung im Herbst schrieb Forsthoff in einem Brief vom 2. November: »Das Zwiegespräch versetzt mich immer wieder in Begeisterung. Es wird in diesem Jahrhundert die gleiche Bedeutung gewinnen wie Rankes Politisches Gespräch im vorigen und bis in die Zeit von Weimar hinein.«[26]

In einem Brief an Ernst Jünger äußerte sich Carl Schmitt zur Authentizität von Gesprächsaufzeichnungen durch technische Speicherungen; siehe S. 61.[27]

Die Buchfassung

Der Verleger Günther Neske, den Carl Schmitt durch Ernst Jünger kennengelernt hatte, interessierte sich schon bald nach der Rundfunksendung für das Manuskript. Auch wenn der Verfasser zunächst noch unentschlossen war, so in einem Brief vom 25. Juni 1954: »Ich bin noch nicht entschlossen, wenn es mich auch reizt, den Großpächtern des Themas wie Guardini, Reinhold Schneider, aber auch Bertrand de Jouvenel und G. Ferrero das Konzept zu verderben«[28], wurden sich Autor und Verleger Anfang Juli rasch einig. Carl Schmitt hatte bereits Ende Juni das Manuskript geschickt. Der Verleger bedankte sich am 3. Juli und machte gleich Vorschläge für Satz und Ausstattung.[29] Der Autor antwortete am 8. Juli mit Alternativen zum Titel des Werkes, der Bezeichnung der Gesprächspartner und zum Motto (siehe Abbildung des Briefentwurfs, S. 4).[30] Der Verlagsvertrag wurde am 24. Juli geschlossen, zur Buchmesse Oktober 1954 erschien das Opusculum und erregte Aufsehen.[31]

Wiederum teilte Carl Schmitt dazu brieflich mit: »Auf der Buchmesse in Frankfurt erschien der Feuilleton-Redakteur der Hamburger ›Zeit‹, ein gewisser, mir nicht persönlich bekannter Dr. Paul Hühnerfeld, am Stand des unschuldigen Neske und drohte, den Stand zu zerschlagen, weil dort eine Neuerscheinung von C. S. – eben jenes Machtgespräch – ausgestellt war. Ein bekannter Frankfurter Buchhändler erzählte mir die Szene, als ich vorige Woche in Frankfurt war.«[32]

Einen weiteren Eklat gab es in der schweizerischen Tageszeitung »Die Tat«, in der eine ›panegyrische‹ (so Carl Schmitt) Besprechung des Auslandsredakteurs Hans Fleig, der mit Carl Schmitt seit längerem bekannt war, erschien. Daraufhin wurde er von dem Literaturhistoriker Max Rychner heftig beschimpft.[33] In diesen Zusammenhang paßte, daß auch die Einleitung zur Sendung des Machtgesprächs im NWDR durch den Journalisten und Kunsthistoriker Carl Linfert mit den entschuldigenden Vorbemerkungen sich nach dem Bericht Carl Schmitts anhörte, »als käme jetzt etwas, was Gott verboten hat«.[34]

Die Rezensionen waren meist positiv, z. B. urteilte der Staatsrechtler Ulrich Scheuner: »Mir scheint es das Stärkste, was der Vf. seit dem ›Begriff des Politischen‹ vorgelegt hat.«[35]

Eberhard von Vietsch fand, daß Schmitt in seinem schmalen Bändchen das Machtproblem im Grunde schärfer und präziser erfaßt habe als der englische Völkerrechtler Georg Schwarzenberger, dessen monumentales Werk gerade in deutscher Übersetzung herausgekommen war.[36]

Resonanz erhielt Carl Schmitt auch von manchen seiner Briefpartner.[37] So urteilte Ernst Jünger am 17. Dezember 1954, daß ihn besonders angesprochen habe die »Überhöhung oder Transformierung der Macht in einen anonymen Rang. An diesem Punkt ergeben sich zwei mögliche Conklusionen: einmal die naheliegende, daß die Macht in genau dem Augenblick als böse bezeichnet wurde, in dem man sie als Verhältnis unter Menschen ansah – und zweitens, ob diese anonyme Größe nicht doch gestalthaft zu benennen sei, und darin eine der möglichen und heilsamen Lösungen liegt.«; siehe S. 55 f.[38]

Die Journalistin Margret Boveri schrieb am 21. Oktober 1954: »Nun kommt Ihr ›Gespräch über die Macht‹ – und ich habe es gleich in einem Zug durchgelesen … Am faszinierendsten finde ich, was Sie über den Vorraum der Macht sagen. Beispiele dafür habe ich zahlreich gesammelt, sie gehen von dem Einfluß des sogenannten ›kitchen cabinet‹ auf Roosevelts Politik bis zu den Amtszimmern im Bamberger Landratsamt … Mit einem Punkt Ihres Gesprächs kann ich mich nicht einverstanden erklären: Sie sagen von sich selbst, Sie seien machtlos. Aber wer so denken, und das Gedachte so in Worte fassen kann wie Sie, ist doch mächtig. Das ist, scheint mir, eine Form der Macht, über die Sie sich nicht geäußert haben.«[39]

Auch Nicolaus Sombart ging in seinem Brief vom 10. August 1954 ausführlich auf das Machtgespräch ein und verwies auf das Problem: »Wer hat überhaupt das Recht, über die Macht zu sprechen? Sie wollen den Hörer glauben machen, es handele sich um eine rhetorische Frage, doch weit gefehlt – obwohl Sie so, wie Sie sie beantworten, falsch gestellt scheint, verbirgt sich hinter ihr das vertrackteste Problem allen Philosophierens über die Macht, insofern nämlich, als derjenige, der Macht hat, per definitionem nicht über sie redet.«[40]

Reichskanzler Heinrich Brüning schrieb an Carl Schmitt am 5. März 1955: »Sehr verehrter Herr Kollege! Haben Sie herzlichen Dank für die Uebersendung Ihrer außerordentlich interessanten und geistvollen Studie ›Ueber die Macht‹ und den ›Zugang zum Machthaber‹. Ich habe sie mit großem Interesse durchgelesen. Das letztere Problem ist eines der schwierigsten in der Politik und unlösbar, wenn nicht feste Traditionen auf Grund der Erfahrungen vieler Geschlechter bestehen.«[41]

Ein halbes Jahr nach Erscheinen des Machtgesprächs ging Carl Schmitt in einem Brief vom 13. April 1955 an den Spiegel-Herausgeber Rudolf Augstein auf dessen Bemerkung in einem Dankschreiben vom 24. September 1954 ein, daß das Büchlein für einen breiten Leserkreis natürlich etwas ›hoch‹ sei: »Es wurmt mich immer noch etwas, dass Sie mein ›Gespräch über die Macht und den Zugang zum Machthaber‹ nicht in seiner höllischen Aktualität erkannt haben. Wo Besatzungsmächte unmittelbar regieren, wird das Problem des Zugangs zum Machthaber und seinen Vorzimmern so abenteuerlich, wie in Ihrem Konnersreuth-Artikel zu lesen. Es gibt eine riesengroße Literatur über die ›Macht‹, philosophisch, theologisch, historisch, soziologisch etc etc. Aber keiner hat bisher diesen einfachen Schlüssel gefunden: Problem des Zugangs zum Machthaber. Und Sie schreiben mir, das verständen breitere Schichten nicht? Das versteht jede Stenotypistin und jeder Lobbyman. NB.: Und das ›Recht des unmittelbaren Vortrags‹ soll jetzt sogar im Wehrgesetz verankert werden! Gibt es auch ein Recht mittelbaren Vortrags? Schöne Probleme des Zugangs zur Spitze! Und Sie finden das Macht-Gespräch nicht aktuell!! Verzeihen Sie dieses Postscriptum eines allwissenden, aber nicht rechthaberischen Greises!« [42]

Der Zeit-Eklat

In der Wochenzeitung ›Die Zeit‹ wurde in der Ausgabe vom 29. Juli 1954 (9. Jg., Nr. 30) mit einem redaktionellen Hinweis auf die Rundfunksendung vom 22. Juni ein größerer Teil des Gesprächs unter dem Titel ›Der Vorraum der Macht‹ abgedruckt. Der Chefredakteur Richard Tüngel hatte dem Auszug folgende Bemerkungen vorangestellt: »Der große deutsche Staatsrechtslehrer Carl Schmitt ist in der Bundesrepublik eine umstrittene Erscheinung. Doch auch seine Gegner sollten zuhören, wenn er scharfsinnig Durchdachtes und Einmaliges zu sagen hat... Wer in Zukunft über das Problem der Macht schreiben will, sollte dies nicht tun, ohne die Abhandlung von Carl Schmitt gelesen zu haben.«

Diese Veröffentlichung veranlaßte Marion Gräfin Dönhoff, im August 1954 aus der Redaktion auszuscheiden. Tüngel, ursprünglich Lizenzträger und Gründungsinhaber, wurde Ende 1955 beurlaubt und mit Hausverbot belegt, als Gräfin Dönhoff die Verantwortung für den politischen Teil der Zeitung übernommen hatte.[43]

Epilog

Über das weitere Schicksal des Opusculums ist rasch berichtet. Die Höhe der Erstauflage betrug 3000 Exemplare, davon wurden 2000 Exemplare aufgebunden. Der Verleger war am Beginn mit dem Verkauf zufrieden – 1954 waren 810 Exemplare abgesetzt worden, 1955 260 Exemplare, von 1956 bis 1960 330 und von 1961 bis 1967 265 Exemplare; der Rest, einschließlich der nicht aufgebundenen 1000 Rohbogen, ist 1969 makuliert worden.[44]

Nachdem der Verlag Carl Schmitt auf dessen mehrfaches Drängen die Rechte am Titel zurückgegeben hatte, führte der Verfasser des Nachworts auf der Frankfurter Buchmesse 1977 im Auftrag von Carl Schmitt Verhandlungen mit Günther Neske wegen einer Neuauflage, zu der auch weitere ›Gespräche‹ und

Aufsätze gestellt werden sollten, doch die Pläne zerschlugen sich.[45] 1994 ist dann eine zweite Auflage im Akademie Verlag erschienen, zusammen mit dem ›Gespräch über den neuen Raum‹[46]; die Ausgabe ist inzwischen ausverkauft.

Übersetzt worden ist das »Gespräch über die Macht« in mehrere Sprachen, bis heute liegen gedruckte Fassungen auf spanisch, französisch, italienisch, ungarisch, japanisch und koreanisch vor.[47] Die spanische Ausgabe, übersetzt von Carl Schmitts Tochter Anima Schmitt de Otero, wurde zusammen mit dem ›Gespräch über den neuen Raum‹ in dem Buch ›Carl Schmitt, Diálogos‹ gedruckt, für das Carl Schmitt im August 1961 einen Prolog verfaßte:

»Im Gespräch spricht ein alter, erfahrener Mann mit einem unerfahrenen Studenten über das schwierige Problem der Macht – ein Problem, das noch schwieriger und geheimnisvoller geworden ist durch die ungeheure Steigerung der modernen Machtmittel. Der Student fragt mehr oder minder intelligent und der Alte antwortet klug und bedachtsam. Es handelt sich nicht um einen Dialog in der Art des *Platon:* Der Student ist kein moderner Alkibiades, der Alte kein moderner Sokrates. Er hütet sich vor metaphysischen Spekulationen und beschränkt sich darauf, die immanente Dialektik jedweder Macht rein beschreibend darzustellen. In unserem Gespräch fehlt auch das Wort ›dämonisch‹, das heute in so vielen Abhandlungen über die Macht im Schwange ist.«[48]

Die Neuauflage des Machtgesprächs im Verlag Klett-Cotta beruht auf der Druckfassung der ersten Auflage im Verlag Günther Neske; Korrekturen des Autors aus dem Handexemplar im Nachlaß sind berücksichtigt.[49]

Anmerkungen

1 1. Aufl. Tübingen 1914; 3. Aufl. Berlin 2015. Das erste Kapitel hat Carl Schmitt als Aufsatz mit dem Titel ›Recht und Macht‹ separat veröffentlicht in: Summa. Eine Vierteljahresschrift, herausgegeben v. Franz Blei, Hellerau bei Dresden, Erstes Viertel (1917), S. 37–52.

2 Der Staat, 17 (1978), S. 321–339.

3 Carl Schmitt formulierte folgende drei Prämien, die eine Generalvermutung für die Verfassungsgemäßheit exekutiven Handelns bedeuten: 1. Konkrete Auslegung und Handhabung von unbestimmten und Ermessensbegriffen; 2. Vermutung der Legalität der Auslegung; 3. Vollziehbarkeit von Anordnungen auch bei ungewisser Rechtmäßigkeit. Zu diesen Prämien und der dazu im Gegensatz stehenden gleichen Chance innerpolitischer Machtgewinnung siehe Carl Schmitt, Legalität und Legitimität, Berlin 1932, wiederabgedruckt in ders.: Verfassungsrechtliche Aufsätze aus den Jahren 1924–1954, Berlin 1958, S. 263–350, hier S. 288 f.

4 Gespräch über den Partisanen – Carl Schmitt und Joachim Schickel, in: Guerrilleros, Partisanen. Theorie und Praxis. Eingeleitet u. herausgegeben v. Joachim Schickel, München 1970, S. 9–29, hier S. 11.

5 Carl Schmitt – Die Militärzeit 1915 bis 1919. Tagebuch Februar bis Dezember 1916. Aufsätze und Materialien. Herausgegeben v. Ernst Hüsmert u. Gerd Giesler, Berlin 2005, S. 6–8, 183–185; zur Überwachung des Pazifisten Wilhelm Herzog und Carl Schmitts eigener Einstellung zu seiner Tätigkeit S. 82 f.

6 Carl Schmitt, Die Einwirkung des Kriegszustandes auf das ordentliche strafprozessuale Verfahren, Zeitschrift für die gesamte Strafrechtswissenschaft, XXXVIII (1916), S. 783–797; wiederabgedruckt in: Carl Schmitt, Die Militärzeit, S. 418–429.

7 Carl Schmitt, Die Diktatur. 1. Aufl., München, Leipzig 1921; 2., erw. Aufl., München, Leipzig 1927; 3. Aufl., Berlin 1964, hier S. 137.

8 Carl Schmitt, Die staatsrechtliche Bedeutung der Notverordnung, insbesondere ihre Rechtsgültigkeit,

in: Notverordnung und öffentliche Verwaltung. Industrieverlag Spaeth u. Linde, Berlin 1931, S. 1–27; wiederabgedruckt in ders.: Verfassungsrechtliche Aufsätze, S. 236–262; Carl Schmitt, Legalität und Legitimität, S. 319–350. Michael Stolleis, Geschichte des öffentlichen Rechts in Deutschland. Bd. 3. Weimarer Republik und Nationalsozialismus, München 2002, S. 114 ff.; Christoph Möllers, Staat als Argument, München 2000, S. 72–76.

9 Wolfram Pyta u. Gabriel Seiberth, Die Staatskrise der Weimarer Republik im Spiegel der Tagebücher von Carl Schmitt, Der Staat, 38 (1999), S. 423–448, 594–610.

10 Carl Schmitt, Machtpositionen des modernen Staates, Deutsches Volkstum, 15. März 1933, S. 225–230; wiederabgedruckt in ders.: Verfassungsrechtliche Aufsätze, S. 367–371.

11 Helmut Quaritsch, Positionen und Begriffe Carl Schmitts, 3. Aufl., Berlin 1995, S. 83–120; Stolleis, S. 323; Reinhard Mehring, Carl Schmitt. Aufstieg und Fall. Eine Biographie, München 2009, S. 319–357.

12 Der Leviathan in der Staatslehre des Thomas Hobbes. Sinn und Fehlschlag eines politischen Symbols, Hamburg 1938; 5. Aufl. Stuttgart 2016, S. 113.

13 Ebd., S. 117.

14 Dirk van Laak, Gespräche in der Sicherheit des Schweigens. Carl Schmitt in der politischen Geistesgeschichte der frühen Bundsrepublik, Berlin 1. Aufl. 1993, 2. Aufl. 2002, S. 42–69.

15 Piet Tommissen, Neue Bausteine zu einer wissenschaftlichen Biographie Carl Schmitts, in ders.: (Hg.), Schmittiana V, Berlin 1996, Abschnitt IV ›Das Gespräch über die Macht‹, S. 169–176, hier S. 170 f. In seiner Autobiographie geht Heinz Friedrich auf ein Gespräch zwischen Alfred Andersch und Carl Schmitt ein, nicht jedoch auf die Entstehung des Machtgesprächs, siehe Heinz Friedrich, Erlernter Beruf: Keiner. Erinnerungen an das 20. Jahrhundert, München 2006, S. 339; Mehring, Schmitt, S. 498 ff.

16 Carl Schmitt. Antworten in Nürnberg. Herausgege-

ben u. kommentiert v. Helmut Quaritsch, Berlin 2000, S. 92–101, 125–128.

17 Carl Schmitt, Der Zugang zum Machthaber, ein zentrales verfassungsrechtliches Problem, in ders.: Verfassungsrechtliche Aufsätze, S. 430–439.

18 Carl Schmitt, Ex Captivitate Salus, Köln 1950, Kap. »Weisheit der Zelle«, S. 79–91, Gedicht »Gesang des Sechzigjährigen«, S. 92 f.

19 Tommissen, Bausteine, S. 171 f.

20 Brief im Nachlaß Carl Schmitt, Landesarchiv Nordrhein-Westfalen, Hauptstaatsarchiv Düsseldorf, RW 265-4474.

21 Durchschlag des Briefes im Nachlaß Carl Schmitt, RW 265-13134.

22 Durchschlag des Briefes im Nachlaß Carl Schmitt, RW 265-13522.

23 Tommissen, Bausteine, S. 173.

24 Carl Schmitt – Briefwechsel mit einem seiner Schüler. Herausgegeben v. Armin Mohler in Zusammenarbeit m. Irmgard Huhn u. Piet Tommissen, Berlin 1995, Brief v. 7. September 1954, S. 180.

25 Der zweiseitige, mit Schreibmaschine geschriebene Brief ist im Nachlass Carl Schmitt, RW 265-12752.

26 Ernst Forsthoff – Carl Schmitt. Briefwechsel 1926–1974. Herausgegeben von Dorothee u. Reinhard Mußgnug, Angela Reinthal in Zusammenarbeit m. Gerd Giesler u. Jürgen Tröger. Berlin 2007, Brief vom 2. November 1954, S. 77. Forsthoff bezieht sich auf Leopold von Ranke, Politisches Gespräch, Historisch-politische Zeitschrift 2, 1833-1836, S. 775–807; Nachdruck eingeleitet durch Friedrich Meinecke, München 1924, Berlin 2005.

27 Ernst Jünger – Carl Schmitt. Briefe 1930–1983. Herausgegeben, kommentiert und mit einem Nachwort versehen v. Helmuth Kiesel, Stuttgart 1999, Brief vom 23. Januar 1955, S. 266; siehe S. 61 ff. in diesem Buch.

28 Mohler, Briefwechsel, Brief v. 25. Juni 1954, S. 161.

29 Brief im Nachlaß Carl Schmitt, RW 265-10366.

30 Handschriftlicher Briefentwurf im Nachlaß Carl Schmitt, RW 265-10367. In diesem Konvolut befinden sich auch einige handschriftliche Zusätze, die

Carl Schmitt entweder nicht in das Manuskript übernommen oder nachträglich notiert hat.
(1) »Die Macht ist eine Ausschwitzung menschlicher Koexistenz; sie läßt sich auf einem menschlichen Individuum nieder, wie eine Nebelwolke auf einem Stück Erde (oder: wie die Sonne den Nebel aus dem Wasser zieht?) oder wie: eine Bakterienkolonie in einer Lauge.«
(2) »Das Recht, die Frage zu stellen, ist das eigentliche Regierungsrecht.«
(3) »Am Schluß bei Hensel Hinweis auf meinen Ausspruch in der Verfassungslehre, S. 214: ... daß die Geheimdiplomatie offenbarer Machthaber ein harmloses Ziel ist im Vergleich zu der öffentlichen Diplomatie, die geheime Machthaber durch ihre Werkzeuge betreiben.«
(4) »Un Dieu perdu steht schon bei Pascal, und wird von Hegel in seinem Aufsatz Glauben und Wissen, Glockner I, S. 433, zitiert 1802!« [Hegel: ... – das Gefühl: Gott selbst ist todt, (dasjenige, was gleichsam nur empirisch ausgesprochen war, mit Pascals Ausdrücken: la nature est telle, qu'elle marque partout *un Dieu perdu* et dans l'homme et hors de l'homme) ... «]
(5) »A friend in power is a friend lost.
Ed[ucation] of H[enry] A[dams], Cambridge 1927
p. 407«
Die Eintragungen (2), (3) und (4) sind in der für Carl Schmitt typischen Gabelsberger Stenographie gehalten, die Transkription besorgte dankenswerterweise Hans Gebhardt, Eckersdorf.

31 Mohler, Briefwechsel, Brief vom 30. September 1954, S. 178; Prof. Hans Schneider hatte Carl Schmitt zur Buchmesse nach Frankfurt mitgenommen.

32 Mohler, Briefwechsel, Brief vom 13. November 1954, S. 182. Neske schildert Carl Schmitt in einem Brief vom 20. Oktober ebenfalls den Vorfall (Nachlaß Carl Schmitt, RW 265-10373).

33 Forsthoff–Schmitt. Briefwechsel, Brief vom 19. November 1954, S. 78; Mohler, Briefwechsel, Brief vom 27. November 1954, S. 183.

34 Tommissen, Bausteine, S. 173. Linfert gehörte wie Andersch, Friedrich oder Szczesny zu den mächtigen Redakteuren der Rundfunk-Nachtprogramme der frühen Bundesrepublik; er hatte schon Walter Benjamin bei dessen Kunstwerk-Aufsatz beeinflußt, siehe Horst Bredekamp, Die Architekturzeichnung als Gegen-Bild, in: Geschichte und Ästhetik. FS für Werner Busch, München Berlin 2004, S. 548 f.

35 Ulrich Scheuner, Das Historisch-Politische Buch, 3 (1955), S. 103 f.

36 Eberhard von Vietsch, Evangelischer Literaturbeobachter, August 1955, S. 373 f. Georg Schwarzenberger, Machtpolitik. Eine Studie über internationale Gesellschaft. Tübingen 1955, XI, S. 504. Carl Schmitt hat das Buch besprochen in: Das Historisch-Politische Buch, 3 (1955), S. 529.

37 Im Nachlaß von Carl Schmitt befinden sich neben den hier zitierten weitere Briefe zum Machtgespräch, u. a. von Theodor Beste, Rolf Hinder, Arnd Morkel, Herbert Nette, Freda Rechenberg, Georg von Schnitzler, Egon Vietta, Friedrich Vorwerk und Hans Zehrer.

38 Ernst Jünger – Carl Schmitt. Briefe. Brief vom 17. Dezember 1954, S. 263 ff.; siehe S. 55 ff. in diesem Buch.

39 Christian Tilitzki, Margret Boveri und Carl Schmitt – ein lockerer Briefwechsel, in: Piet Tommissen (Hg.), Schmittiana VII, Berlin 2001, S. 281–308, hier S. 249 f.

40 Schmitt – Sombart. Der Briefwechsel von Carl Schmitt mit Nicolaus, Corina und Werner Sombart. Herausgegeben v. Martin Tielke in Zusammenarbeit m. Gerd Giesler. Berlin 2013, S. 61–63.

41 Brief abgedruckt bei Forsthoff – Schmitt. Briefwechsel, S. 413.

42 Am 28. Juli 1954 hatte Carl Schmitt an Augstein geschrieben und ihn auf das im Druck befindliche Buch hingewiesen; dabei bezog er sich auf ›unser erstes Gespräch in Bonn im Februar 1951‹ und dessen Thema (Macht an sich böse oder gut?). Augstein bedankte sich am 24. September 1954 für den Umbruch des ›Büchleins‹, den er mit viel Genuß gelesen habe. Beide Briefe sind abgedruckt in: Carl Schmitt und

die Öffentlichkeit. Briefwechsel mit Journalisten, Publizisten und Verlegern aus den Jahren 1923 bis 1983. Herausgegeben, kommentiert u. eingeleitet von Kai Burkhardt in Zusammenarbeit m. Gerd Giesler u. Stefan Krings. Berlin 2013, S. 136 bzw. 142.

43 Forsthoff – Schmitt, Briefwechsel, Brief vom 19. November 1954, S. 78 u. 407; Mohler, Briefwechsel, Brief vom 2. Juni 1955, S. 200. Zur Auseinandersetzung unter den Mitgliedern der »Zeit«-Redaktion siehe Richard Tüngel/Hans Rudolf Berndorff, Stunde Null. Deutschland unter den Besatzungsmächten. Berlin 2004; Ein wenig betrübt, Ihre Marion. Marion Gräfin Dönhoff und Gerd Bucerius. Ein Briefwechsel aus fünf Jahrzehnten. Haug von Kuenheim/Theo Sommer (Hg.), Berlin 2003.

44 Angaben lt. Abrechnungen und Brief von Neske vom 10. Januar 1977, Nachlaß Carl Schmitt, RW 265-10382.

45 Brief von Neske vom 18. November 1977, Nachlaß Carl Schmitt, RW 265-10384; Nachfrage von Carl Schmitt vom 6. März 1978: »Wenn Sie Ihre diesbezüglichen Pläne fallen gelassen haben, könnten Sie mir darüber eine Mitteilung zukommen lassen. Die Erfahrung, die ich vor Jahren mit meinem ›Gespräch über die Macht‹ habe machen müssen, kann ich mir in meinem jetzigen Alter nicht mehr erlauben. Auch bin ich kein Heidegger.« (Handschriftlicher Briefentwurf Nachlaß Carl Schmitt, RW 265-13457)

46 Das ›Gespräch über den neuen Raum‹ wurde zuerst veröffentlicht in Estudios de derecho internacional. Homenaje al Professor Camilo Barcia Trelles, Universidad de Santiago de Compostela 1958, mit Änderungen aufgrund der Nachlaßmaterialien im Akademie Verlag, Berlin 1994, und in dem Sammelband Carl Schmitt, Staat, Großraum, Nomos. Arbeiten aus den Jahren 1916–1969. Herausgegeben, mit einem Vorwort u. Anmerkungen versehen v. Günter Maschke, Berlin 1995, S. 552–572. Die gedruckte Fassung beruht auf dem Manuskript einer Sendung im Hessischen Rundfunk am 12. August 1955 mit dem Titel ›Land und Meer – Die politische Bedeu-

tung des Gegensatzes von terraner und maritimer Existenz. Ein Gespräch zu Dritt, von Carl Schmitt‹.

47 Nachweis der Übersetzungen bei Alain de Benoist, Carl Schmitt, Internationale Bibliographie der Primär- und Sekundärliteratur, Graz 2010, S. 67–69.

48 Die Übersetzung erschien zuerst in der Zeitschrift Revista de Estudios Políticos, 55, Nr. 78 (1954), S. 3–20.; der zuerst auf spanisch erschienene Prolog im Buch Carl Schmitt, Diálogos (Diálogo de los nuevos espacios – Diálogo sobre el poder y el acceso al poderoso), Madrid 1962, wurde auf deutsch, übersetzt v. Günter Maschke, veröffentlicht in: Piet Tommissen (Hg.), Schmittiana V, Berlin 1996, S. 21 f.

49 Nachlaß Carl Schmitt, RW 265-27455. Dort befindet sich auch ein mit Schreibmaschine geschriebenes, deutschsprachiges Manuskript im Umfang von 10 DIN A4-Seiten, gegliedert in 7 Abschnitte. Carl Schmitt hat es handschriftlich mit dem Titel versehen: ›La Natura del poder del hombre sobre otros hombres. Carl Schmitt.‹ Der Inhalt entspricht z. T. wortgenau einzelnen Sätzen der gedruckten Fassung vom ›Gespräch über die Macht‹ (RW 265-2730).
In das Handexemplar hat Carl Schmitt nicht nur Korrekturen, sondern auch Bemerkungen und Kommentare eingetragen. Unter der handschriftlichen Überschrift »Bildungs-Notstand« wurde von ihm folgende Zeitungsnotiz eingeklebt.

Das »Gespräch über die Macht und den Zugang zum Machthaber« des Staatsrechtlers Carl Schmitt ist in Bonn stark gefragt. Der SPD-Kanzlerkandidat Willy Brandt versuchte es in der Bundeshausbibliothek mehrfach vergeblich auszuleihen. Beim letzten Versuch mußte er hören, daß das Buch gerade von Bundeskanzler Erhard gelesen werde.
dmt. Bonn, 4. September 1965.

Personenverzeichnis

Kursivierte Namen verweisen auf das Nachwort

Klett-Cotta
www.klett-cotta.de

Unter demselben Titel zuerst 1954 erschienen
in der Reihe »Opuscula« im Verlag Günther Neske,
Pfullingen.

Printed in Germany
Umschlag: Klett-Cotta-Design
Gesetzt aus der Bauer Bodoni von Kösel, Krugzell
Gedruckt und gebunden von
Esser printSolutions GmbH, Bretten
ISBN 978-3-608-94457-0

Dritte, korrigierte Auflage, 2017

Bibliographische Information der
Deutschen Nationalbibliothek
Die Deutsche Nationalbibliothek verzeichnet diese
Publikation in der Deutschen Nationalbibliographie;
detaillierte bibliographische Daten sind im Internet
über <http://dnb.d-nb.de> abrufbar.